ENTRE EL CIELO, LA TIERRA Y EL VUELO

TRA IL CIELO, LA TERRA E IL VOLO

Luana Bruno

EDITORIAL

Poesía... eres tú.

Entre el cielo, la tierra y el vuelo
Tra il cielo, la terra e il volo

Primera Edición 2025
© *Luana Bruno 2025*

© *Editorial Poesía eres tú.*
https:// poesiaerestu.com
C/Dr. Fleming Nº50, 4ºD
28036 Madrid
Teléfono: 34 91 999 13 12

ISBN: 978-84-18893-92-6
Depósito Legal: M-27890-2024

ENTRE EL CIELO, LA TIERRA Y EL VUELO

TRA IL CIELO, LA TERRA E IL VOLO

LUANA BRUNO

Prólogo

Entre el cielo y la tierra, en el vuelo de las palabras, Luana Bruno nos invita a un viaje poético que trasciende fronteras y toca las fibras más íntimas del alma humana. Este poemario es un canto a la vida, un abrazo a la naturaleza y un grito de justicia que resuena en cada verso.

Con una pluma que danza entre lo etéreo y lo terrenal, Bruno teje un tapiz de emociones donde cada hilo es una experiencia, cada nudo una reflexión. Sus versos son semillas que, plantadas en el corazón del lector, florecen en pensamientos profundos y sentimientos intensos.

En estas páginas, la autora se erige como la voz de una generación que anhela un mundo más justo y compasivo. Sus poemas son espejos que reflejan las luchas cotidianas, las desigualdades silenciadas y los sueños que persisten a pesar de las adversidades.

Bruno, con su herencia italiana y su experiencia vital, construye un puente entre culturas. Sus versos bilingües son un testimonio de la riqueza que nace del encuentro entre mundos, una celebración de la diversidad y un recordatorio de nuestra humanidad compartida.

La poeta nos guía por senderos de hojas y ramas, donde los árboles susurran lecciones de vida y las nubes dibujan mapas de libertad. En su obra, la naturaleza se convierte en maestra y sanadora, ofreciendo consuelo y sabiduría a quienes saben escuchar su silencioso lenguaje.

Cada poema es un himno a la resistencia del espíritu humano. Bruno canta a la fuerza que yace en la fragilidad, a la luz que persiste en la oscuridad, y a la esperanza que florece incluso en los terrenos más áridos de la existencia.

Este libro es un faro en la noche, una mano tendida en la soledad, un grito de aliento en el silencio. Es un recordatorio de que la poesía, en su esencia más pura, tiene el poder de transformar, de sanar y de unir.

Que estas páginas sean un refugio para el alma inquieta, un espejo para el corazón que busca y un camino para el espíritu que anhela volar. Luana Bruno nos ofrece no solo sus versos, sino una invitación a redescubrir la belleza y la complejidad de ser humano en un mundo que a menudo olvida la importancia de las palabras que nacen del corazón.

Javier Pérez-Ayala.
Poeta, editor, crítico literario.

Prólogo

Tra il cielo e la terra, nel volo delle parole, Luana Bruno ci invita a un viaggio poetico che trascende le frontiere e tocca le fibre più intime dell'anima umana. Questa raccolta di poesie è un canto alla vita, un abbraccio alla natura e un grido di giustizia che risuona in ogni verso.

Con una penna che danza tra l'etereo e il terreno, Bruno tesse un arazzo di emozioni dove ogni filo è un'esperienza, ogni nodo una riflessione. I suoi versi sono semi che, piantati nel cuore del lettore, fioriscono in pensieri profondi e sentimenti intensi.

In queste pagine, l'autrice si erge come la voce di una generazione che anela a un mondo più giusto e compassionevole. Le sue poesie sono specchi che riflettono le lotte quotidiane, le disuguaglianze silenziate e i sogni che persistono nonostante le avversità.

Bruno, con la sua eredità italiana e la sua esperienza di vita, costruisce un ponte tra culture. I suoi versi bilingue sono una testimonianza della ricchezza che nasce dall'incontro tra mondi, una celebrazione della diversità e un promemoria della nostra umanità condivisa.

La poetessa ci guida attraverso sentieri di foglie e rami, dove gli alberi sussurrano lezioni di vita e le nuvole disegnano mappe di libertà. Nella sua opera, la natura diventa maestra e guaritrice, offrendo conforto e saggezza a chi sa ascoltare il suo linguaggio silenzioso.

Ogni poesia è un inno alla resistenza dello spirito umano. Bruno canta alla forza che risiede nella fragilità, alla luce che persiste nell'oscurità e alla speranza che fiorisce anche nei terreni più aridi dell'esistenza.

Questo libro è un faro nella notte, una mano tesa nella solitudine, un grido di incoraggiamento nel silenzio. È un promemoria che la poesia, nella sua essenza più pura, ha il potere di trasformare, guarire e unire.

Che queste pagine siano un rifugio per l'anima inquieta, uno specchio per il cuore che cerca e un cammino per lo spirito che anela a volare. Luana Bruno ci offre non solo i suoi versi, ma un invito a riscoprire la bellezza e la complessità dell'essere umano in un mondo che spesso dimentica l'importanza delle parole che nascono dal cuore.

Javier Pérez-Ayala.
Poeta, editore, critico letterario

Dedicatoria

A Grazia Sicolo, mi profesora de Lengua en la ESO, la persona que hizo que me enamorara de la literatura en general y de la poesía en particular.

Grazia no es solo profesora, es luz que brilla y hace brillar. Su nombre, "Grazia", refleja perfectamente quién es: elegancia, bondad y generosidad en cada palabra, en cada gesto. Escribe con una belleza única, es una mujer independiente, empoderada, apasionada por su trabajo y profundamente dedicada a su alumnado. Es la que siembra con paciencia, prepara el terreno y lo cuida con esmero, asegurándose de que en él nazcan las flores más bellas y los frutos más hermosos.

Hoy, sigue siendo para mí mucho más que una profesora: es mi guía, quien me impulsa a dar siempre lo mejor en mis versos y en los desafíos de la vida.

Le dedico este libro con todo mi amor y gratitud, porque gran parte de estos poemas son lo que son gracias a ella, a su apoyo incondicional, y a esa luz que me ha mostrado el camino para transmitir lo más profundo a través de mis palabras.

Profesora Sicolo, este libro es también suyo. Le quiero un bien inmenso.

Dedica

A Grazia Sicolo, la mia professoressa di Lettere alle scuole medie, la persona che mi ha fatto innamorare della letteratura in generale e della poesia in particolare.

Grazia non è solo un'insegnante, è una luce che brilla e fa brillare. Il suo nome, "Grazia", riflette perfettamente chi è: eleganza, gentilezza e generosità in ogni parola, in ogni gesto. Scrive con una bellezza unica, è una donna indipendente, determinata, innamorata del suo lavoro e profondamente devota al suo alunnato. È colei che semina con pazienza, prepara il terreno e lo cura con amore, assicurandosi che lì nascano i fiori più belli e i frutti più preziosi.

Oggi, per me, è molto più di una professoressa: è una guida, una presenza che mi spinge a dare sempre il massimo nei miei versi e nelle sfide della vita.

Professoressa Sicolo, questo libro è anche il suo. Le voglio un bene immenso.

Introducción

"Y entre decir y crear solo existe el coraje:
escribe, que el resto vendrá por sí solo".
Eugenio Montale

Escribir es un acto de valentía. Desde que comprendí que un talento no compartido es un regalo desperdiciado, la escritura se convirtió en mi propósito, en mi manera de conectar con lo esencial. La poesía, para mí, no es solo un refugio, es un puente: un espacio donde podéis encontraros con vosotras y vosotros mismos, reflexionar, emocionaros y, quizás, emprender una transformación interior.

Este poemario es un viaje por los rincones del alma, una invitación a mirar dentro y a explorar los paisajes emocionales que todas las personas, de una forma u otra, habitamos. Aquí, los versos son un espejo, pero también una ventana; son preguntas que buscan respuestas, luz que desafía las sombras, un intento de ofrecer belleza en un mundo que, a menudo, parece envuelto en oscuridad.

La poesía es, ante todo, un lenguaje universal. En cada poema, espero que encontréis fragmentos de vosotras y vosotros mismos: vuestra fortaleza, vuestras heridas, vuestras dudas y vuestra esperanza. Porque escribir no solo me pertenece a mí; pertenece a quienes leen, sienten y se reflejan en estas palabras.

Este libro es mi ofrenda. Que sus páginas sirvan como un rincón de luz, un soplo de aire en días pesados, un estímulo para la acción o una caricia para el alma.

Bienvenidas y bienvenidos a este viaje. Los versos son vuestros.

Introduzione

"E tra il dire e il creare c'è solo il coraggio:
scrivi, ché il resto verrà da sé".
Eugenio Montale

Scrivere è un atto di coraggio. Ho capito che un talento non condiviso è un dono sprecato, e così la scrittura è diventata il mio scopo, il mio modo per connettermi con l'essenziale. La poesia, per me, non è solo un rifugio, ma un ponte: uno spazio dove potete ritrovare voi stesse e voi stessi, riflettere, emozionarvi e, forse, intraprendere una trasformazione interiore.

Questa raccolta è un viaggio nei recessi dell'anima, un invito a guardarsi dentro e a esplorare i paesaggi emotivi che tutte e tutti, in qualche modo, abitiamo. Qui i versi sono uno specchio, ma anche una finestra; sono domande in cerca di risposte, luce che sfida le ombre, un tentativo di donare bellezza in un mondo che spesso sembra avvolto nell'oscurità.

La poesia è, prima di tutto, un linguaggio universale. In ogni poesia, spero che troviate frammenti di voi stesse e voi stessi: la vostra forza, le vostre ferite, i vostri dubbi e la vostra speranza. Perché scrivere non appartiene solo a me; appartiene a chi legge, sente e si riflette in queste parole.

Questo libro è la mia offerta. Che le sue pagine possano essere un angolo di luce, un respiro nei giorni pesanti, uno stimolo all'azione o una carezza per l'anima.

Benvenute e benvenuti in questo viaggio. I versi sono vostri.

ÍNDICE

1. Naturaleza y conexión espiritual

Este bloque poético explora la relación entre el ser humano y la naturaleza como fuente de inspiración, refugio y guía espiritual. A través de estas palabras, la naturaleza se convierte en maestra, sanadora y compañera de viaje silenciosa.

1ª. Natura e connessione spirituale

Questo blocco poetico esplora il rapporto tra l'essere umano e la natura come fonte di ispirazione, rifugio e guida spirituale. Attraverso queste parole, la natura diventa maestra, guaritrice e compagna di viaggio silenziosa.

Lecciones de la naturaleza

Y el almendro, el peral, el cerezo y el álamo,
me tendieron sus brazos como a decirme:
"No estás solo, te tiendo mi mano".
El ciprés, el abeto y el pino,
me enseñaron a mirar siempre hacia lo alto
y buscar lo divino.

Las hojas me enseñaron a caer,
pero también a levantarme
y danzar en el aire,
a apreciar el sol y el paisaje.

Las raíces me recordaron
tener bien arraigados mis pies en el suelo,
a no olvidar la tierra
y a apreciar los frutos del terreno.

Los troncos me dijeron de mantenerme firme,
incluso cuando hay fuerte viento,
a ser flexible para no caer
y derrumbarme en los peores momentos.

Así que siempre miro a la naturaleza
y al mensaje que su sabiduría me trae
para sobrevivir en este mundo
cuando no es nada suave.

Lezioni dalla natura

E il mandorlo, il pero e il melograno,
mi hanno teso le braccia come a dirmi:
"Non sei solo, ti tendo la mano".
Il cipresso, il pioppo e il pino
mi hanno insegnato a guardare sempre in alto
e cercare il divino.

Le foglie mi hanno insegnato a cadere,
ma anche a rialzarmi
e danzare nell'aria,
a godere del sole e del paesaggio che varia.

Le radici mi hanno ricordato
di tenere i piedi ben saldi al suolo,
a non dimenticare la terra
e i frutti che di essa assaporo.

I tronchi mi hanno detto di restare forte,
anche quando soffia un vento violento,
di essere flessibile per non cadere
anche quando la vita è infida,
per non crollare
quando sembra il peggior momento.

Così guardo sempre alla natura
e al messaggio che la sua saggezza mi affida
per sopravvivere in questo mondo
quando la vita non è gentile, ma infida.

Con los ojos al cielo

Me parecieron esas nubes
como copos de algodón,
caminaban
a paso ligero
entre el azul del cielo
y el humo negro.

Las miré
como un niño que sigue
un cometa en el aire.

Eran nubes blancas,
ovejas en fila,
copos de algodón.

Y yo, por un instante,
corrí mis miedos,
como el viento mueve las nubes.

Volví niña,
volví a volar,
y sobre esas nubes de algodón
empecé a galopar.

A veces, olvido
lo fácil que es vivir en modo sereno:
saborear el presente,
pensar menos,
imaginar de vez en cuando,
y mirar al cielo.

Con gli occhi al cielo

Batuffoli di zucchero filato
mi sembrarono quelle nuvole,
camminavano,
a passo leggero,
tra l'azzurro del cielo
ed il fumo nero.

Le guardai
come un bambino che segue
un aquilone.

Erano nuvole bianche,
pecorelle in fila indiana,
batuffoli di cotone.

Ed io, per un istante,
spostai le mie paure,
come fa il vento con le nuvole.

Tornai fanciulla,
tornai a volare
e su quelle nubi filate
iniziai a galoppare.

A volte dimentico
quanto sia facile vivere in modo sereno:
assaporare il presente,
pensare meno,
immaginare, ogni tanto,
e guardare al cielo.

Notas nocturnas

Notas nocturnas...
las anoto en hojas sueltas,
perdidas en vacíos agudos,
entre mis rimas
y mis contrastes.
Nocturnas son mis notas,
de sueños confusos,
de proyectos olvidados,
de cajones desafinados
y de pasos no dados.

Son solo notas,
en esta noche
de muerte tan llena de vida,
de ganas de cambio,
de giro y de fatiga.

Palabras nocturnas,
en pensamientos nocturnos,
de amarguras de ayer,
de caricias recogidas,
de ideas irresueltas,
en estas líneas de papel,
en estos folios que cobran vida,
en esta habitación silenciosa
y en mi mente
que divaga a toda prisa.

Son notas nocturnas,
nocturnas notas,
de un piano que no existe,
pero cuya música persiste.

Note notturne

Note notturne...
le annoto su fogli sparsi,
persi in spigolosi vuoti,
tra le mie rime e
i miei contrasti.
Notturne sono le mie note,
di sogni confusi,
di progetti accantonati,
di cassetti stonati
e di passi non dati.

Sono solo note,
in questa notte
di morte così piena di vita,
di voglia di cambio,
di svolta e di fatica.

Notturne parole,
in notturni pensieri,
di amarezze di ieri,
di carezze raccolte,
di idee irrisolte,
in queste righe di carta,
in questi fogli che prendono vita,
in questa stanza silenziosa
e nella mia mente
che divaga senza sosta.

Sono note notturne,
notturne note,
di un piano che non esiste,
ma che suona forte.

2. Desigualdad y lucha social

Estos poemas dan voz a las experiencias de exclusión, desigualdad y rechazo, especialmente en el contexto migrante. Cada verso es una denuncia y un llamado a la reflexión sobre la justicia y la empatía.

2ª. Disuguaglianza e lotta sociale

Queste poesie danno voce alle esperienze di esclusione, disuguaglianza e rifiuto, specialmente nel contesto migratorio. Ogni verso è una denuncia e un invito a riflettere sulla giustizia e sull'empatia.

Nos mantienen lejos

Nos mantienen lejos,
no nos podemos mezclar,
separan el blanco de los demás colores
en las escuelas, en el metro, en los barrios,
hay barreras invisibles
hechas de prejuicios y falsos valores.
Y en este mundo que desprecia el arcoíris,
se sigue hablando de igualdad en la tele,
de diálogo y progreso,
pero yo no veo nada de todo eso.
¿Dónde está tu civilización y tu evolución,
si cada vez que te hablo
me escupes con tu mirada
que llega como un clavo ardiente
en mi corazón?

Ci tengono lontani

Ci tengono lontani,
non ci possiamo mescolare,
separano il bianco dagli altri colori
nelle scuole, in metro, nei quartieri,
ci sono barriere invisibili
fatte di pregiudizi e falsi valori.
E in questo mondo che disprezza l'arcobaleno,
si parla ancora di uguaglianza in televisione,
di dialogo e progresso,
ma io non vedo nulla di tutto questo.
Dov'è la tua civiltà e la tua evoluzione,
se ogni volta che ti parlo
mi sputi addosso con lo sguardo,
che arriva come un chiodo rovente
nel mio cuore?

Como un fantasma

Como un fantasma,
para ti yo soy,
presencia invisible,
sombra en la noche,
mancha de día.
Estoy aquí,
enfrente tuya,
pero no hay ojos
que busquen los míos;
tu mirada prefiere
pasar por encima.
Ignorado,
maltratado,
hundido por tu indiferencia,
allí donde tan pancho
predicas igualdad.
Solo,
enjuago mis lágrimas,
sentado en un pupitre vacío,
deseando que alguien
se siente al lado mío.

Come un fantasma

Come un fantasma,
per te io sono,
presenza invisibile,
ombra nella notte,
macchia di giorno.
Sono qui,
davanti a te,
ma non ci sono occhi
che cerchino i miei;
il tuo sguardo preferisce
scivolare sui miei.
Ignorato,
maltrattato,
schiacciato dalla tua indifferenza,
lì dove, con tanta calma,
predichi uguaglianza.
Solo,
asciugo le mie lacrime,
seduto a un banco vuoto,
sperando che qualcuno
si sieda accanto a me.

Con o sin mi velo

Con o sin mi velo,
soy solo "la Mora,"
nada más, nada menos.
Existo en su desprecio,
hacia mis creencias,
hacia mis valores.
No preguntan mis gustos,
no pronuncian mi nombre,
soy solo "la Mora" para ellos,
un eco vacío, un rostro no bello.
Con o sin mi velo,
soy persona, siento y amo,
me asusto, lloro, me derramo.
¿Por qué no lo entiendes?
¿Por qué mi presencia te encabrona,
te retuerce,
te ahoga en tu sombra?
¿No lo ves?,
con tus mentiras,
tus estereotipos,
me vas matando por dentro,
me arrancas los latidos
con cada falso argumento.
Conecta conmigo,
aparta tus creencias,
dejemos que nuestras almas
mezclen sus esencias.
No temas a mi reflejo,
vibremos alto,
y derribemos este viejo techo.

Con o senza il mio velo

Con o senza il mio velo,
sono solo "la marocchina,"
niente di più, niente di meno.
Esisto nel loro disprezzo,
per ciò in cui credo,
per i miei valori.
Non mi chiedono i miei gusti,
non pronunciano il mio nome,
sono solo "la marocchina" per loro,
un' eco vuota, un volto non bello.
Con o senza il mio velo,
sono persona, sento e amo,
ho paura, piango, mi spezzo e cado.
Perché non lo capisci?
Perché la mia presenza ti irrita,
ti tormenta,
ti avvelena l'anima e la vita?
Non lo vedi?
Con le tue bugie,
i tuoi pregiudizi,
mi stai uccidendo dentro,
mi strappi i battiti del cuore
con ogni tuo falso argomento.
Connettiti con me,
metti da parte le tue credenze,
lasciamo che le nostre anime
mescolino le loro essenze.
Non temere il mio riflesso,
voliamo alto
e abbattiamo muri di pregiudizio.

Vuelve a tu país

"Vuelve a tu país", gritan,
sus voces como cuchillos en el viento.
Intento enterrar sus palabras,
pero el eco persiste,
como sombra que no abandona.
Aquí estoy,
temblando,
sin palabras en su lengua,
sin escudo ni espada,
solo mi silencio
que lucha por volverse grito.
Me falta la llave para romper el muro,
la voz para enfrentar el filo
de su desprecio,
la fuerza para ser viento
y no sombra.

Torna al tuo paese

"Torna al tuo paese", gridano,
voci come coltelli nel vento.
Cerco di seppellire le loro parole,
ma l'eco persiste,
ombra che non abbandona.
Eccomi qui,
tremante,
senza parole nella loro lingua,
senza scudo né spada,
solo il mio silenzio
che lotta per farsi grido.
Mi manca la chiave per spezzare il muro,
la voce per affrontare il filo
del loro disprezzo,
la forza per essere vento
e non ombra.

No hay nada que se pueda hacer

"No puedo hacer nada por ti", dijo,
sin levantar la mirada,
sus ojos fijos en un reflejo vacío,
mientras su risa se congela en el cristal.
"No hay nada que hacer",
porque mi piel no reluce,
porque mi voz no habita
en sus mundos dorados.
No soy un emir,
ni un brillo de Río,
solo el peso que evita
su paso ligero.
Y si hablo,
si dejo salir lo que duele,
me llaman frágil,
me acusan de sentir demasiado,
de cargar en mi espalda
la culpa de existir.
Así que aquí estoy,
escribiendo lo que no puedo decir,
dibujando con palabras
las grietas de este muro que me aprisiona.
Porque mi casa es un recuerdo,
mi tierra una herida,
y en mi pecho guardo las raíces
de un campo perdido
que aún espera su primavera.

Non si può fare nulla per te

"Non posso fare nulla per te", disse,
senza alzare lo sguardo,
i suoi occhi fissi in un riflesso vuoto,
mentre il suo sorriso si congela nel vetro.
"Non c'è nulla da fare",
perché la mia pelle non risplende,
perché la mia voce non abita
nei loro mondi dorati.
Non sono un emiro,
né una luce di Rio,
solo il peso che evitano
nel loro cammino leggero.
E se parlo,
se tiro fuori ciò che fa male,
mi chiamano fragile,
mi accusano di sentire troppo,
di portare sulle spalle
la colpa di esistere.
Ed eccomi qui,
a scrivere ciò che non posso dire,
a disegnare con le parole
le crepe di questo muro che mi imprigiona.
Perché la mia casa è un ricordo,
la mia terra una ferita,
e nel petto custodisco le radici
di un campo perduto
che ancora attende la sua primavera.

3. Voces de lo profundo

Este bloque explora emociones profundas y reflexiones íntimas sobre la soledad, la búsqueda de sentido y la pertenencia en un mundo que parece cada vez más desconectado. Los poemas también abordan, desde una perspectiva introspectiva, las desigualdades y expectativas sociales que influyen en las experiencias humanas. Son palabras que nacen de las profundidades del alma y buscan conectar con lo esencial de la existencia.

3ª. Voci dal profondo

Questo blocco esplora emozioni profonde e riflessioni intime sulla solitudine, la ricerca di senso e di appartenenza in un mondo che sembra sempre più disconnesso. Le poesie affrontano anche, da una prospettiva introspettiva, le disuguaglianze e le aspettative sociali che influenzano le esperienze umane. Sono parole che nascono dalle profondità dell'anima e cercano di connettersi con l'essenza dell'esistenza.

Adela

Penetrantes ojos de niña,
camina cansada,
mirada vivaz,
de miel su sonrisa,
de leche su cara.

Adela,
mujer de otros tiempos,
sorbe poesía,
con su taza
de recuerdos frutales,
mientras se pregunta
si es ya demasiado vieja
para nuevos versos.

Adela es esencia,
entre las arrugas,
es vida que se escribe
mientras lee estas líneas.

Adela,
un concierto de noventa tiempos,
diversas estaciones,
pero no pierde el deseo
de estar aún presente,
de vivir nuevos atardeceres
y emociones.

Adela

Penetranti occhi da bambina,
cammina stanca,
sguardo vispo,
di miele il sorriso,
di latte il viso.

Adela,
donna d'altri tempi,
sorseggia poesia,
con la sua tazza
di ricordi fruttati,
mentre si chiede
se sia troppo vecchia
per nuovi versi.

Adela è essenza,
tra le rughe,
è vita che si scrive
mentre legge queste righe.

Adela,
un concerto di novanta tempi,
diverse stagioni,
ma non perde la voglia
di esserci ancora,
di vivere nuovi tramonti
ed emozioni.

Respira, niño

Respira,
despacio,
toma mi mano.

Entre lodo y ruinas,
sangre y alquitrán,
grita la desesperanza:
sed, rabia, hambre y afán.

Él me mira,
ojos oscuros,
su voz titubea,
sus piernas tiemblan,
raíces de miedo que no se menean.

Respira, le digo.
Respira.
No sé qué más decir,
ni qué hacer.

Es la única certeza
que puedo ofrecer.

Esta guerra,
sucia, insulsa,
cruel y absurda,
debe acabar.
Respira, insisto,
la calma ha de llegar.

Respira hondo,
te llevo conmigo por ese callejón.
Cierra los ojos,
huimos con el latido
hacia la imaginación.

Respira, niño,
y sueña en mi pecho,
un mundo menos amargo,
donde el respeto
no sea un sueño lejano.

Respira, bambino

Respira,
piano,
prendimi la mano.

Tra fango e macerie,
sangue e catrame,
grida la disperazione:
sete, rabbia, incredulità, fame.

Lui mi guarda,
occhioni neri.
La voce trema,
le gambe ondeggiano
ferme, come radici di paura.

Respira, gli dico.
Respira.
Non so che altro dire,
non so che fare.

È l'unica certezza
che posso dare.

Questa guerra
sporca, insulsa,
stupida e rozza,
deve cessare!
Respira, gli ripeto,
arriverà la fine.

Respira forte,
ti porto via.
Chiudi gli occhi,
scappiamo con la fantasia.

Respira, bambino,
e sogna sul mio petto
un mondo meno amaro,
dove il rispetto
non sia un'eco da lontano.

Rumbo hacia el centro

Brújula sin su norte,
deseosa de un abrazo fuerte y estrecho,
al árbol que me da vida.

Nave perdida,
cansada de la tormenta,
en busca de un puerto
donde poder anclar.

Un viaje en solitario,
tristeza atrapada
en el hielo del tronco,
en el seno de un alma
que ansía ser acariciada.

Deseo de revolución,
de volver al centro,
manifiesto
mi voluntad e intención,
en la búsqueda desesperada
de que me escuche el universo.

Rotta verso il centro

Bussola senza il suo nord,
desiderosa d'abbraccio stretto e forte,
all'albero che mi da vita.

Nave smarrita,
stanca della tempesta,
alla ricerca di un porto
dove poter approdare.

Un viaggio in solitario,
tristezza intrappolata
nel gelo del tronco,
nel seno di un'anima
che vuol essere accarezzata.

Desiderio di rivoluzione,
di ritorno al baricentro,
manifesto
la mia volontà ed intenzione,
nella ricerca disperata
che mi ascolti l'universo.

Tus manos aún hablan

Pinceles resecos,
la tela amarillenta,
su rostro desolado.

Él está quieto,
mirada pensativa,
sus manos aún
tienen tanto que contar,
pero el mundo está tan detenido,
que la belleza
no sabe ya apreciar.

Así los días
pasan grises,
mientras a las cosas
él quisiera dar color,
pero afuera el arte muere,
los ojos ajenos
dejaron de mirar
como lo haría un pintor.

¿Qué sentido tiene un cuadro,
una estatua, un fresco
en calles, plazas
y en las escuelas,
si la gente
ya no ama lo bello,
quiere todo llano,
y ha perdido el asombro?

Y yo escribo de ese vacío,
de la rabia y el lamento
que siente quien se nutre
de sensibilidad y talento.

A ti, querido artista,
flor marchita,
no pierdas el ánimo
en este mundo adormecido.

Necesitamos
tus manos,
tus colores y tu arte creativa,
pues sólo la belleza
al mundo aviva.

Tú del arte has hecho
tu pan cotidiano,
muéstralo al mundo,
pinta las calles,
necesitamos de colores
para no morir.

Le tue mani parlano ancora

I pennelli rinsecchiti,
la tela ingiallita,
la sua faccia desolata.

Lui è fermo,
sguardo pensieroso,
le sue mani
hanno ancora tanto da dire,
ma statico pare il mondo,
che la bellezza
non sa più apprezzare.

Così i giorni
scorrono grigi,
mentre alle cose
lui vorrebbe dar colore,
ma fuori l'arte muore,
gli occhi altrui
han smesso di guardare
come farebbe un pittore.

Che senso ha un quadro,
una statua, un affresco
per strada, nelle piazze
e nelle scuole,
se la gente
non ama più il bello,
vuol tutto piatto,
e ha perso lo stupore?

E io scrivo di quel vuoto,
della rabbia e il lamento
che prova chi si nutre
di sensibilità e talento.

A te, caro artista,
fiore appassito,
non perderti d'animo,
in questo mondo addormentato.

Abbiam bisogno
delle tue mani,
dei colori e dell'arte tua creativa,
perché solo la bellezza
il mondo ravviva.

Tu del bello hai
fatto il tuo Pane quotidiano,
mostralo al mondo,
pennella le vie,
abbiamo bisogno di colore
per non morire.

Palabras solas, como el mar

Enmudecí
palabras ansiosas de contar,
porque no había
ojos listos para escuchar,
almas deseosas de sentir.

Alcé la mirada al cielo,
hablé a los pájaros,
miré al frente,
escuché el mar.

Navegantes, entre olas de códigos,
atrapados en hilos invisibles,
¿olvidaron los hombres
tejer uno
que los mantuviera humanos?

En el vacío
de su soledad global,
perdieron en el camino
palabras que contar,
olvidaron
escuchar,
ya no saboreaban
el olor del mar,
ya no tenían ojos para admirar.

Y yo enmudecí
mis palabras,
deseosas de contar...

Me encerré en mí misma
y canté
al cielo, a la tierra, al mar.

Parole sole, come il mare

Ammutolii
parole bramose di raccontare,
perché non vi erano
occhi pronti ad ascoltare,
anime desiderose di sentire.

Alzai lo sguardo al cielo,
parlai agli uccelli,
guardai di fronte,
ascoltai il mare.

Naviganti, tra onde di codici,
intrappolati in fili invisibili,
gli uomini dimenticarono
di tesserne uno
che li mantenesse umani.

Nel vuoto
della loro solitudine globale,
persero sulla strada
parole da raccontare,
dimenticarono
di ascoltare,
non assaporavano più
l'odore del mare,
non avevano più occhi da ammirare.

Ed io ammutolii
le mie parole,
vogliose di raccontare...

Mi chiusi in me stessa
e cantai
al cielo, alla terra, al mare.

Tesoros divinos

Le duele la espalda,
le da vueltas la cabeza,
pero no le importa
cuando con su nieto juega
y él feliz cabalga sobre su joroba.

Sus piernas están cansadas,
sus brazos temblorosos,
pero a ella no le importa
cuando con sus nietos
mezcla la crema
para un pastel aromoso.

Se emocionan fácilmente,
son sensibles como niños,
personas de otros tiempos,
abuelas y abuelos,
tesoros divinos.

Su paso es lento,
un paso consciente,
saben que la vida es fugaz
y hay que disfrutar el presente.

Si aún tienes abuelos,
hazles una llamada,
si aún están cerca,
ve a visitarlos sin prisa.

No sabes cuánto desearían
quienes los tienen en el cielo
volver a jugar una partida,
contarles su día
o escuchar un consejo sincero.

Los abuelos son sabios,
a veces distraídos,
son libros abiertos
que esperan ser leídos.

Cuidemos de ellos,
mostrémosles nuestro cariño,
no son viejos recuerdos,
son un presente divino.

Tesori divini

Ha male alla schiena,
gli gira la testa,
ma a lui non importa
quando gioca con suo nipote
che galoppa sulla sua groppa.

Le gambe son stanche,
le braccia tremanti,
ma a lei non importa
quando con i nipoti
mescola la crema
per una torta fragrante.

Si commuovon facilmente,
son sensibili come bambini,
persone d'altri tempi,
nonne e nonni,
tesori divini.

Lento è il loro passo,
un passo cosciente,
sanno che la vita è fugace
e bisogna godersi il presente.

Se hai ancora dei nonni,
fagli una chiamata,
se li hai ancora vicini,
vai a trovarli, senza fretta.

Non sai quanto vorrebbe
chi li ha su nel cielo
giocare ancora a carte con loro,
raccontare la giornata
o ascoltare un consiglio sincero.

I nonni son saggi,
a volte distratti,
son libri aperti
che attendono d'essere letti.

Prendiamocene cura,
mostriamo loro il nostro affetto,
non sono vecchi ricordi,
sono un presente perfetto.

Hilos de Silencio

Vacío,
silencios,
versos que se quedan allí,
en una pausa de do menor.
No encuentro las palabras...
Recojo los hilos
de lazos rotos,
de nudos en la garganta.
Se siente sola,
la nota desafina.
Y dejo que la aguja
y el hilo rojo
tejan la trama
de una sonrisa dolorosa.
Y yo no encuentro las palabras,
y tengo un nudo en la garganta
y otro en el corazón.

Fili di Silenzi

Vuoto,
silenzi,
versi che rimangono lì,
in una pausa di do minore.
Non trovo le parole...
Riaggomitolo i fili
di legami rotti,
di nodi alla gola.
Si sente sola,
la nota stona.
E lascio all'ago
e al filo rosso
tessere la trama
di un sorriso doloroso.
E io non trovo le parole,
e ho un nodo in gola
ed un altro al cuore.

Espejo y Soledad

Se mira al espejo
y quisiera borrar,
limpiar, eliminar
la imagen que ve.

No es bella como cree,
ni perfecta heredera.
Tantas lunas, tantas noches
pasadas soñando,
pero de noche es negro
hasta el mar lejano.
Ni ella sabe
lo que desea,
no está contenta con lo que tiene,
nada le basta, nada le llena.
Sola, teme su propia compañía.
La ansiedad la devora,
la tira al suelo,
su calma arrasa,
la vuelve ceniza fría.
Se siente menos
que los que presumen
y exhiben
una falsa seguridad.
Se siente pequeña,
vil escoria,
porque es tan dura consigo misma.

Los demás siempre se perdonan,
se ponen primero,
siempre ellos, luego el resto,
cuando les conviene,
si lo necesitan,
pero solo si sirve, sin compromiso.
Ella no puede ser como ellos,
su sensibilidad la consume,
pero es su mayor riqueza,
su único refugio.
Solo quisiera
huir de sí misma,
o ser amada
tal como es.
Se siente isla frágil,
buscando a alguien
que la salve
de esa soledad
que, en realidad,
no representa su ser.

Specchio e Solitudine

Si guarda allo specchio
e vorrebbe cancellare,
pulire, eliminare
l'immagine che vede.
Non è bella come crede,
né perfetta erede.
Tante lune e tante notti
passate a sognare,
ma di notte è nero
persino il mare.
Non sa neanche lei
ciò che vorrebbe,
non è contenta di ciò che ha,
non le va bene niente.
Sola, ha paura della sua compagnia.
L'ansia la divora,
la butta a terra,
la sua serenità spazza via.
Si sente meno
di quelli che presumono
e ostentano
una finta sicurezza.
Si sente piccola,
una feccia,
perché è così critica con sé stessa.
Gli altri si perdonano sempre,
mettono sé stessi al primo posto.
Ci sono loro, e poi il resto,
quando gli fa comodo,
se ne hanno bisogno,
ma solo se serve, senza impegno.

Lei non riesce a essere come loro,
la sua sensibilità l'ammazza,
ma è anche il suo tesoro.
Vorrebbe solo
fuggire da sé stessa,
o essere amata per
ciò che è.
Si sente fragile isola,
in cerca di qualcuno
che la salvi
da quella solitudine
che lei non è.

La Caléndula y el Narciso

Y ella,
caléndula afligida,
llora lágrimas de amor.
El dulce rocío
convierte sus hojas en cabellos,
sus lágrimas de angustia
en topacio y destellos.
Amó locamente
a un narciso blanco,
de belleza aparente
y soberbia en su manto.
Siempre dispuesto a señalar
los defectos de su flor,
pero nadie podía criticar
su color o su esplendor.
Así rompió su corazón
en hierba hecha pedazos,
destruyendo su valor,
desde el tallo hasta sus trazos.
De ego y orgullo
vestía su tallo,
y pobre de aquel que osara
criticar su encanto.
Con el tiempo, lentamente,
de la admiración
cayó en la desesperación.
Negro como la noche su corazón,
solo para sí
ese narciso
guardaba amor.

Si tú también,
margarita tímida
o azul aciano,
te encuentras con un narciso,
huye muy lejos,
antes de que su hechizo
se torne en engaño.
Ella aprendió, a un alto precio,
que la belleza no vive
en un brillo reflejado,
sino en un alma buena,
que transforma el ruido
en dulce calma.
Las palabras, ahora lo sabe,
son plumas ligeras,
y quien de verdad ama
sabe hacerse visible, sincera.
El amor se alimenta
de empatía y compasión,
todo lo demás es ilusión,
egoísmo
y fantasía sin razón.

La Calendula e il Narciso

E lei,
calendula afflitta,
piange lacrime d'amore.
La dolce rugiada
converte le sue foglie in chiome,
le sue lacrime di strazio
in rosa topazio.
Amò pazzamente
un bianco narciso,
di bellezza apparente
e superbia rivestito.
Pronto sempre a colpire
i difetti del suo fiore,
ma nulla si poteva sfiorare
del suo aspetto o colore.
Così ruppe il suo cuore
in frammenti d'erba sparsi,
distruggendo il suo valore,
dal suo gambo ai suoi contrasti.
Di ego e orgoglio
vestiva il suo stelo,
e guai a chi osasse criticarlo,
di rabbia diventava nero.
Col tempo, pian piano,
dall'ammirazione
scivolò nella disperazione.
Nero pece il suo cuore,
solo per sé
quel narciso
nutriva amore.

Se anche tu,
timida margherita
o fiordaliso azzurro,
incontrassi un narciso,
fuggi via lontano,
prima che il suo fascino
si tramuti in inganno.
Lei ha imparato, a caro prezzo,
che la bellezza non vive
in un acceso riflesso,
ma in un animo buono,
che trasforma il rumore
in dolce suono.
Le parole, ora lo sa,
son piume leggere,
e chi davvero ama
sa farsi vedere.
L'amore si nutre
di compassione e di empatia,
tutto il resto è illusione,
egoismo
e fantasia.

Como una pelotita

Como una pelotita
que rueda,
siento que no tengo dirección.
Me aferro a la esperanza,
a la intención,
mientras busco un sentido,
una razón...
Quisiera ser tomada
en consideración,
tener un papel,
una dimensión.
Y, sin embargo, ruedo,
arrastrada por el viento,
entre la desdicha
y el desconcierto.
Encontraré en el caos
mi razón,
un equilibrio,
mi centro,
mi interior.
Mientras tanto camino,
respiro aire,
tomo oxígeno.
Me abrazo fuerte,
cuido de mi esencia.
Me basta con mi presencia,
en el profundo silencio
de la ausencia ajena.

Come una pallina

Come una pallina
che rotola,
sento di non avere una direzione.
Mi afferro alla speranza,
all'intenzione,
mentre cerco un senso,
una ragione...
Vorrei essere presa
in considerazione,
avere un ruolo,
una dimensione.
E invece rotolo,
trascinata dal vento,
tra lo sconforto
e lo sgomento.
Troverò nel caos
la mia ragione,
un equilibrio,
il mio centro,
il mio interiore.
Nel frattempo cammino,
respiro aria,
prendo ossigeno.
Mi abbraccio forte,
mi prendo cura
della mia essenza.
Mi basta la mia presenza,
nel silenzio profondo
dell'altrui assenza.

El mar del olvido

Ella está allí,
sumergida en el agua,
como diosa marina.
Quieta,
esperando
un pasado que ya no puede regresar.
Oscura es su piel,
firme, pero delicada,
como su corazón
hecho añicos,
en fragmentos diminutos
por el oscuro mar.
Ella,
como violeta ciruela,
llora, escondida entre las olas del mar.
Llora con pudor
la pasión de su amor,
subido al cielo,
sin resurrección.
Acunada por las olas del mar,
acariciada unas veces por el poniente,
otras por la tramontana,
aunque parece que está allí,
sumergida en el agua,
ella está en otro lado, está lejana.
Revive atardeceres
que no vuelven,
sonríe a los veranos que fueron.
Oye palabras que otros no oyen,
ve imágenes que se desvanecen.

Afligida,
busca la voz de él
en el mar
que se estrella furioso
contra las rocas
que no dejan fluir la vida.
Angustiada, aterrorizada,
abatida y resignada,
aún busca el rostro de él
en la arena
que desaparece en el mar
con la marea alta.
Y así ella está,
dentro del agua,
como quien ya no sabe qué hacer.
Está,
sola,
quieta, esperando
un amor que ya no puede tocar,
ya no puede tener,
solo recordar.
Y,
como ciruela violeta,
llora por su amor
la cristiana pasión,
pero después de tres días,
no habrá resurrección.
La brisa, dulcemente, recoge
su desesperación,
el mar moja suavemente sus gotas de
dolor...

Mientras el tiempo,
un día,
calmará su desolación...
Y,
quizás,
quizás,
le regalará un nuevo amor,
un nuevo asombro.

Il mare dell'oblio

Lei è lì,
immersa nell'acqua,
come dea marina.
Ferma,
in attesa
di un passato che non ritorna.
Scura è la sua pelle,
ferma, ma delicata,
come il suo cuore
frantumato
in cocci minuti
dall'oscuro mare.
Lei,
come viola prugna,
piange, nascosta tra le onde del mare.
Piange con pudore
la passione del suo amore,
salito al cielo,
senza risurrezione.
Cullata dalle onde del mare,
accarezzata ora dal ponente,
ora dalla tramontana,
mentre sembra che lei stia lì,
immersa nell'acqua,
lei è altrove, è lontana.
Rivive tramonti
che non tornano,
sorride alle estati che furono.
Ode parole che altri non odono,
vede immagini che si offuscano.

Afflitta,
cerca la voce di lui
nel mare
che si scaglia furioso
contro le rocce
che non lasciano la vita fluire.

Angosciata, terrorizzata,
abbattuta e rassegnata,
cerca ancora il volto di lui,
sulla sabbia
che svanisce nel mare
con l'alta marea.

E così lei sta,
dentro l'acqua,
come chi non sa più che fare.
Sta,
sola,
ferma ad aspettare,
un amore che non può più toccare,
non può più avere,
ma solo ricordare.

E,
come viola prugna,
piange del suo amore
la cristiana passione,
ma dopo tre giorni,
non vi sarà resurrezione.
La brisa, dolcemente, raccoglie
la sua disperazione,
il mare bagna piano le sue gocce di
dolore...

Mentre il tempo,
un giorno,
lenirà la sua disperazione...
E,
forse,
forse,
le regalerà un nuovo amore,
un nuovo stupore.

Está solo el sol

Está solo el sol...
Detrás de cada rayo de luz,
su alma frágil
se hunde en un prisma
de llanto.
Grita su dolor silente,
pero está solo el sol,
es solo sol.
Y sin sombra de verano,
el ciprés se seca,
seca sus gotas de sed,
erguido como roca,
sus ramas gritan al cielo.
Pero no hay sol
en su soledad.
Está solo como el sol,
pero no es sol...

È solo il sole

È il solo sole...
Dietro ogni raggio di luce,
la sua anima fragile
affonda in un prisma
di pianto.
Grida il suo dolore silente,
ma è solo il sole,
è solo sole.
E senza ombra d'estate,
il cipresso si secca,
asciuga le sue gocce di sete,
eretto come roccia,
i suoi rami urlano al cielo.
Ma non c'è sole,
nella sua solitudine.
È solo come il sole,
ma non è sole...

En tierra de nadie

En tierra de nadie,
ola contraviento,
tropiezo en vórtices de caos
en los que no me encuentro...
Me es familiar esta tierra generosa,
pero ajena soy yo ya para ella,
mientras que extranjera
soy ya para mi tierra...
Forastera, en un mundo incierto,
ya no sé quién soy
ni dónde pertenezco.

In terra di nessuno

In terra di nessuno,
onda controvento,
inciampo in vortici di caos
in cui non mi ritrovo...
Mi è familiare questa terra generosa,
ma estranea sono per lei,
mentre straniera
sono ormai per la mia terra...
Forestiera, in un mondo incerto,
non so più chi sono
né dove appartengo.

Más allá del ser

¿Cómo puedo abrazar el alma?
¿Cómo inmortalizar la vida?
¿Cómo puedo capturar mis pensamientos
que corren con prisa?
No soy solo mi epidermis,
soy más que mis manos,
no soy palabras que se desvanecen,
ni un cuerpo que llenar.
Soy los chistes que no ofenden,
soy las letras que nadie comprende,
soy brisa azul en un agosto amarillo,
hoja de bronce que no se atreve a saltar del árbol.
Soy un atardecer rosado de enero,
un cerezo vibrante en abril...
Soy un naranjo andaluz en febrero,
grano que madura bajo el sol del verano,
soy migas que alimentan a los pájaros,
un saludo afectuoso a los desconocidos.
Soy un sendero perdido,
un reflejo
en un espejo húmedo y empañado.
Yo soy... yo soy... yo no soy...
Tú eres, tú eres,
¿dónde estás?
¿Quién soy yo para mí?
¿Quién soy yo para ti?
Huir del yo,
no puede atraparlo
la imagen de ti,
la percepción de mí,
ni la inercia del ser...

Soy sin ser,
el ser soy.
Y al sentir que eres,
encuentro el mío.

Oltre l'essere

Come posso abbracciare l'anima?
Come immortalare la vita?
Come posso catturare i miei pensieri
che corrono in fretta?
Non sono solo la mia epidermide,
sono più delle mie mani,
non parole che scorrono,
né un corpo da colmare.
Sono le battute che non offendono,
sono lettere che nessuno capisce,
sono brezza blu in un agosto giallo,
foglia di bronzo che non osa saltare dall'albero.
Sono un tramonto rosa di gennaio,
un ciliegio vivace in aprile...
Sono un arancio andaluso di febbraio,
grano che matura al sole d'estate,
sono briciole che nutrono gli uccelli,
un saluto gentile agli sconosciuti.
Sono un sentiero perduto,
un riflesso
in uno specchio umido e offuscato.
Io sono... io sono... io non sono...
Tu sei, tu sei,
dove sei?
Chi sono io per me?
Chi sono io per te?
Fuggire dall'io,
non può prenderlo
l'immagine di te,
la percezione di me,
né l'inerzia dell'essere...

Sono senza essere,
l'essere sono.
E nel tuo essere,
trovo il mio.

Caminos helados

¿Por qué volver a casa?
¿Qué le espera en casa?
¿Lágrimas, resentimiento, orgullo, miedo?
Prefiere tomar aire,
mirar el sol,
secar sus gotas amargas de soledad,
y contemplar la inconsciencia
de su perro, que solo quiere disfrutar.
Huele a frío,
en este invierno seco,
a recuerdos atrapados en las ramas de los árboles,
a un amor envenenado,
que no se desata, que ahoga.
Camina solo,
sólo los pájaros,
las hojas y el viento
escuchan sus penas...
El sol calienta su alma,
pero no basta para calentar
esa triste soledad invernal,
que se pierde entre el hielo y el cielo.

Cammino al freddo

Perché tornare a casa?
Cosa lo aspetta a casa?
Lacrime, risentimento, orgoglio, paura?
Preferisce riprendere fiato,
fissare il sole,
asciugare le sue gocce amare di solitudine,
e guardare l'incoscienza
del suo cane, che vuole solo godere.
Odora di freddo,
in questo inverno secco,
di ricordi intrappolati ai rami degli alberi,
di amore avvelenato,
che non si sblocca, che soffoca.
Cammina da solo,
solo uccelli,
foglie e vento
ascoltano i suoi dolori...
Il sole riscalda la sua anima,
ma non basta a scaldare
quella triste solitudine invernale,
che si perde tra il gelo e il cielo.

Violeta de invierno[1]

Mírame,
mis ojeras lívidas
huelen a violetas de invierno
y a noches de insomnio en verano.
Escucha,
mi llanto roto,
de quien aprieta los dientes,
amando en soledad
el fruto
de un amor irresuelto.
¿Quién eres tú,
que, desde lo alto de tus tacones,
desde lo bajo de tus ojos,
me observas y me señalas
con juicios sucios?
No se es madre
solo por llevar un hijo
en el vientre,
no se es mujer
por llevar un anillo
que te resguarda del juicio
de la gente.
Se es madre cuando
se ama,
en todas sus formas,
a quien de nosotras depende,
y la vida nos transforma.

---

[1] Con esta poesía, Luana Bruno obtuvo el primer lugar en la Segunda Estemporánea de Poesía, celebrada el 25 de agosto de 2024 en la ciudad de Augusta, situada en la provincia de Siracusa, en Sicilia. El concurso fue organizado por Aletti Editore en el marco del XV Festival Internacional Il Federiciano, un evento de gran relevancia que reúne a poetas y artistas de todo el mundo, haciendo que esta victoria sea aún más prestigiosa y significativa.

No escupo en la cara
de mi destino.
Soy madre por decisión,
no víctima de lo divino.
Estoy orgullosa,
plena y consciente,
de ser madre a toda hora,
en un mundo que etiqueta
quién es cuadro y quién da vida.
Soy madre
cuando canto,
desafinando,
para mi niño,
cuando finjo respuestas
que ni yo misma sé.
Soy madre imperfecta,
ser humano,
la nota que inventa
una nana,
en mi canto amargo.
Y cuando observo
dormir sereno a mi pequeño,
olvido todo prejuicio
en este cosmos mezquino.
Y a ti, que me miras
con ojos nublados
de ciega presunción,
te invito a refrescarte
con curiosidad y asombro.
Déjame vivir
la maternidad a mi manera.

No de jueces ni de culpables
se hace la libertad,
madre de un mundo nuevo,
madre de Dios.

Viola d'inverno[2]

Guardami,
le mie livide occhiaie,
sanno di viole d'inverno
e di notti insonni d'estate.

Ascolta,
il mio pianto rotto,
di chi stringe i denti,
amando da sola
il frutto
di un amore irrisolto.

Chi sei tu,
che dall' alto dei tuoi tacchi,
dal basso dei tuoi occhi
mi squadri e mi additi
con giudizi sporchi?

Non si è madre
solo perché si ha un figlio
nel ventre,
non si è donna
perché si ha un anello al dito
che ti ripaga dal giudizio
della gente.

---

[2] Con questa poesia, Luana Bruno ha ottenuto il primo posto alla Seconda Estemporanea di Poesia, svoltasi il 25 agosto 2024 nella città di Augusta, situata nella provincia di Siracusa, in Sicilia. Il concorso è stato organizzato da Aletti Editore nell'ambito del XV Festival Internazionale Il Federiciano, un evento di grande rilievo che riunisce poeti e artisti da tutto il mondo, rendendo questa vittoria ancor più prestigiosa e significativa.

Si è madre quando
si ama,
in ogni forma,
chi da noi dipende
e la vita ci trasforma.

Non sputo in faccia
al mio destino,
sono madre per scelta,
non vittima del divino.

Sono fiera e orgogliosa
del mio essere madre a tutto tondo,
in un mondo che etichetta
chi è quadro e chi è fecondo.

Sono madre,
quando canto,
stonando,
per il mio bambino,
quando fingo risposte
che non conosco
neanche io.

Sono madre imperfetta,
essere umano,
sono la nota che inventa,
una ninna nanna,
nel mio canto amaro.

E quando osservo
dormire sereno io mio bambino,
dimentico ogni pregiudizio,
in questo cosmo meschino.

E a te che mi guardi,
con occhi appannati
di cieca presunzione,
invito a rinfrescarti
di curiosità e stupore.

Lascia che io viva
la maternità a modo mio.
Non di giudici né di accusati
è fatta la libertà,
madre di un nuovo mondo
madre di Dio.

Agradecimientos

A mis padres, que han confiado en mí con una fe absoluta. Siendo dos personas humildes, me habéis enseñado a caminar con los pies firmes en la tierra, a no creerme nunca mejor que nadie y a respetar profundamente a todos los seres vivos, plantas y animales incluidos. Gracias por haberme mostrado, con vuestro ejemplo, la verdadera bondad y el respeto que hacen grande a una persona.

A mis hermanas, por ser mis aliadas en cada proyecto, mis apoyos incondicionales y mi recordatorio constante de que puedo lograrlo, no importa lo difícil que parezca.

A mi marido, compañero de vida y sueños, por apostar siempre por mí y por mis proyectos literarios. Gracias por compartir conmigo valores como la libertad y la independencia, y por caminar a mi lado, en las luces y en las sombras, con paciencia y amor inagotables.

A mi suegra, por su calidez y su apoyo, por enseñarme con su sabiduría a confiar en mí misma y en mi potencial. Gracias por creer en mí y en mis sueños.

A mis mejores amigas, por ser verdaderos tesoros: mujeres brillantes, empoderadas y preciosas. Gracias por sostenerme en mis días más oscuros, por celebrar conmigo los momentos de luz y por regalarme siempre vuestra fuerza, vuestra inspiración y vuestro cariño.

A mis amigos y amigas, que con su presencia y apoyo hacen que los días sean más ligeros y las metas más alcanzables. Gracias por ser parte de mi vida.

A mi perro, por su amor incondicional y su infinita empatía. Gracias por acompañarme en los momentos de soledad, por alegrar mis días con tu ternura y por enseñarme, sin palabras, lo que significa el afecto más puro.

A todas las personas que lean este libro, gracias por apoyar mis sueños y por ayudar a difundir poesía en un mundo donde tanto hace falta. Vuestro acto de leer y compartir es un soplo de esperanza, una semilla de belleza en tiempos de sombras.

Y, como decía Frida Kahlo: *"No digo que pueda hacer todo, digo que lo haré igualmente, no obstante todo"*.

Ringraziamenti

Ai miei genitori, che hanno riposto in me una fiducia assoluta. Due persone umili, mi avete insegnato a camminare con i piedi ben saldi per terra, a non sentirmi mai superiore a nessuno e a rispettare profondamente tutti gli esseri viventi, piante e animali compresi. Grazie per avermi mostrato, con il vostro esempio, la vera bontà e il rispetto che rendono grande una persona.

Alle mie sorelle, per essere le mie alleate in ogni progetto, i miei supporti incondizionati e il mio costante promemoria che posso farcela, non importa quanto difficile sembri.

A mio marito, compagno di vita e di sogni, per scommettere sempre su di me e sui miei progetti letterari. Grazie per condividere con me valori come la libertà e l'indipendenza, e per camminare al mio fianco, nelle luci e nelle ombre, con pazienza e amore inesauribili.

A mia suocera, per il suo calore e il suo sostegno, per insegnarmi con la sua saggezza a credere in me stessa e nel mio potenziale. Grazie per aver creduto in me e nei miei sogni.

Alle mie migliori amiche, per essere dei veri tesori: donne brillanti, forti e preziose. Grazie per sostenermi nei miei giorni più bui, per celebrare con me i momenti di luce e per donarmi sempre la vostra forza, la vostra ispirazione e il vostro affetto.

Ai miei amici e amiche, che con la loro presenza e il loro sostegno rendono i giorni più leggeri e gli obiettivi più raggiungibili. Grazie per essere parte della mia vita.

Al mio cane, per il suo amore incondizionato e la sua infinita empatia. Grazie per accompagnarmi nei momenti di solitudine, per rallegrare le mie giornate con la tua dolcezza e per insegnarmi, senza parole, cosa significa l'affetto più puro.

A tutte le persone che leggeranno questo libro, grazie per sostenere i miei sogni e per aiutare a diffondere poesia in un mondo dove ce n'è tanto bisogno. Il vostro atto di leggere e condividere è un soffio di speranza, un seme di bellezza in tempi di ombra.

E, come diceva Frida Kahlo: *"Non dico che posso fare tutto, dico che lo farò comunque, nonostante tutto"*.